कविताओं का सफर भाग -२

तूलिका रस्तोगी

Copyright © Tullika Rastogi
All Rights Reserved.

This book has been self-published with all reasonable efforts taken to make the material error-free by the author. No part of this book shall be used, reproduced in any manner whatsoever without written permission from the author, except in the case of brief quotations embodied in critical articles and reviews.

The Author of this book is solely responsible and liable for its content including but not limited to the views, representations, descriptions, statements, information, opinions and references ["Content"]. The Content of this book shall not constitute or be construed or deemed to reflect the opinion or expression of the Publisher or Editor. Neither the Publisher nor Editor endorse or approve the Content of this book or guarantee the reliability, accuracy or completeness of the Content published herein and do not make any representations or warranties of any kind, express or implied, including but not limited to the implied warranties of merchantability, fitness for a particular purpose. The Publisher and Editor shall not be liable whatsoever for any errors, omissions, whether such errors or omissions result from negligence, accident, or any other cause or claims for loss or damages of any kind, including without limitation, indirect or consequential loss or damage arising out of use, inability to use, or about the reliability, accuracy or sufficiency of the information contained in this book.

Made with ♥ on the Notion Press Platform
www.notionpress.com

भावनाओं को लेखन में अभिव्यक्त करने की मुझे शुरू से ही रुचि थी। बचपन से ही कविताएँ लिखने का प्रयास रहा। माँ ने हमेशा अपने भावनाओं को लिखने के लिए प्रोत्साहित किया। माँ भी लिखती थी, और पापा भी।

लेखन से दोबारा नाता जोड़ना, दोबारा से लेखनी उठाना, नयी कृतियों को लिखना, और पुरानी रचनाओं को एकत्रित कर पुस्तिका के रूप में पेश करने की प्रेरणा, मुझे मेरी बेटी, जो स्वयं रिसर्च फील्ड में है, ने दी है। उसके पिता, ने भी इन कृतियों को पब्लिश करने के लिये, सहयोग और प्रोत्साहन दिया है। इन रचनाओं को अपने परिवार जनो और मित्रों को जिन्होंने मुझे यह कृति प्रस्तुत करने में किसी न किसी रूप में सहयोग दिया है, सभी को समर्पित कर रही हूँ।

क्रम-सूची

प्रस्तावना	vii
1. गुरु मंत्र	1
2. समय चक्र	2
3. वक़्त की पहचान	3
4. उम्मीद	4
5. उम्मीद का एक ही ठिकाना	5
6. सब एक समान	6
7. अब कैसा इंतज़ार	7
8. क्या है हमारी पहचान	8
9. कौन हैं हम	9
10. प्रकृति की छवि	10
11. मेरा चेहरा	11
12. ज़िंदगी और दुआ	12
13. ज़िंदगी भँवर नहीं	13
14. यह ज़िंदगी	14
15. वक़्त से	15
16. संभलकर चल	16
17. यूहीं हम बस अब चलते ही जातें हैं	17
18. मेरी ज़िंदगी का क़िस्सा	18
19. ज़रा सी ज़मीन	19
20. ग़म का प्याला	20
21. कारवाँ निकल गया	21
22. ज़िंदगी का मतलब	22
23. ख़ुद को ले जान पहले	23

• v •

क्रम-सूची

24. कलम ने बयान करदी ज़िंदगी	24
25. सत्यपथ अनुगामी	25
26. वह देख रहा है	26
27. रंग मंच	27
28. अश्रु जल का भावना से नाता	28
29. वह विराट विरासत	29
30. मुखौटों का खेल	30
31. बंद आँखों की दुनिया	31
32. कुछ पंक्तियाँ ज़िंदगी पर	32
33. नन्ही-नन्ही बौरें	33
34. दुनिया के मेले में अकेला	34
35. शून्य	35
36. जागृति फैलायें	36
37. कल्पना	37
38. दिल है कोई शीशा नहीं	38
39. दिल की सड़क	39
40. दृश्य	40
41. कौन रहा पुकार	41
42. कब मिलेगी रिहाई	42
43. जब लिखने बैठे	43
44. क़िस्सा बयान करना	44
45. अशोक का पेड़	45
आभार	47

प्रस्तावना

भावों को अभिव्यक्त करने में मुझे कविताएँ, हमेशा से ही रास आती हैं। थोड़े से शब्दों में अथाह कह देने की क्षमता, कविताओं में बहुत ज़्यादा होती है। जीवन के सफ़र को तय करते हुए, बहुत सारे विचारों भावों से, मिलना जुलना होता रहता है। जीवन के शुरुआती दिनों में अक़्सर, इन लम्हों को पन्नो पर उतार लिया करती थी, तो सहज ही कुछ कविताओं की रचना हो गई।

यही थोड़ी सी रचनायें, आप सबके पढ़ने के लिए कविताओं के रूप में "मेरे साथ कविताओं का सफ़र" में प्रस्तुत हैं। भाग-१ में आपने कुछ सफ़र मेरी कविताओं के साथ नापा था, अब आपके लिए थोड़ी सी और कविताओं को "कविताओं का सफर' भाग -२" में जोड़ा है।

1. गुरु मंत्र

मुझे मेरे गुरु ने यह मंत्र है सिखलाया,
जो मेरी इस ज़िंदगी में हर पल बड़ा काम आया,
हर एक में बस गुरु ही है समाता,
ऐसा है हर प्राणी से गुरु का सुंदर सा नाता,
चाहे बस वह हम स्वयं ही क्यों ना हो,
या चाहे वो हमसे बड़ा हो या हो छोटा,
या वह चाहे ही हो हमारे बराबर वाला,
हमारे माता पिता या फिर हों हमारे ही बच्चे,
हर कोई होता है गुरु इस जीवन में अपना,
हर कोई सीख देता है हमको जीवन के हर पल में,
बस सिर्फ़ समझने और सीखने की कला आनी चाहिए,
यही जीवन का मंत्र मूल सिद्धान्त जीवन के चलने का,
सफलताओं और ख़ुशियों की ओर आगे बढ़ने का।

2. समय चक्र

हर एक रात के बाद एक नया सवेरा आता है,
हमेशा अंधकार के बाद ही उजाला जाना जाता,
ऐसे ही ज़िंदगी का बस सुख दुख से नाता है,
जो कि समझकर भी बिलकुल समझ नहीं आता,
समय का चक्र है कि बस यूँही बदलता जाता है,
आगे जीवन क्या है यह कौन बता पाता है,
हर समय यह बस नये रुख़ दिखलाता है,
ज़िंदगी के रोज़ नये नये फ़ैसले सुनाता है।

3. वक़्त की पहचान

नहीं होती है वक़्त की जिसे पहचान,
उसपर नहीं होता है कोई भी मेहरबान,
वक़्त है वह एक मुकम्मल सी चीज़,
जिसके आगे हर कोई है बस नाचीज़,
जिस किसी को भी है वक़्त का तक़ाज़ा,
उसकी ज़िंदगी में नहीं है कोई भी सिफ़र,
यह वक़्त है बस उस ख़ुदा की आवाज़,
जिसके आगे खुल जाते ज़िंदगी के साज़,
वक़्त होता है जिस किसी पर भी मेहरबान,
मुकम्मल हो जाता है उसका सारा जहां।

4. उम्मीद

ज़िंदगी का नाम तो बस है एक उम्मीद,
इस उम्मीद पर है यह ज़माना क़ायम,
उम्मीद ही है जो जीने की राह दिखती,
अंधेरे में भी वह हमको उजाला दिखाती,
उम्मीद ही बस एक है जो हम सबको,
हमें हमारी मंज़िल तक पहुँचाने का,
सही से बस पूरा हौसला है बँधाती।

5. उम्मीद का एक ही ठिकाना

उम्मीद करेंगे तो धोखा खाने की भी ताक़त हो,
बिन उम्मीद तो ठोकर लगने से बच जायें शायद,
पर उम्मीद रखी तो बचने का नहीं कोई वायदा,
अब रखें उम्मीद तो सिर्फ़ एक जगह के लिए,
जब ख़ुदा के घर जाना तो पूरी उम्मीद से जाना,
बाक़ी नहीं है कोई भी उम्मीद का ठिकाना।

6. सब एक समान

अभी तो सब एक बराबर से ही दिखते हैं,
सभी के चेहरे एक ही तरह के दिखते हैं,
मास्क ने क्या ख़ूब सबको बराबरी दिलाई है,
ख़ूबसूरती की अब सही परिभाषा हमें मिल रही,
गुण व्यवहार से है अब तो सबकी बस पहचान,
जाने अनजाने ही सही सब हो गये एक समान,
शायद अब हम सब सीख लें इन हालातों से,
सभीको एक समान समझना एक समान देखना,
भेद भाव की भावनाओं से अब ऊपर उठना,
जो सीखने की ज़रूरत थी सबको एक अरसे से,
इस महामारी ने सिखा दिया कुछ ही वक़्त में,
चाहे कुछ समय के लिए ही सही जानेंगे तो,
हम सब अब ज़िंदगी की इस हक़ीक़त को।

7. अब कैसा इंतज़ार

किस बात का हो रहा है अब भी इंतज़ार,
किस लिये है इस दिल में बेशुमार सा प्यार,
कब कैसे और कहाँ होगा यह अब इज़हार,
ख़ुदा के इस मुक़म्मल से जहां में,
अब चाहिए सबको थोड़ा बस सच्चा प्यार,
आएगी चमन में ज़रूर से ही बहार,
बच्चे हों चाहे या हों क्यों ना बड़े सब,
कभी तो ज़रूर ही होंगे सब कोई खुश बेशुमार।

8. क्या है हमारी पहचान

कौन हैं हम सब, क्या है हमारी पहचान,
कौन सी बातों की हम सबको तलाश जब तब,
कैसी हैं हमारी मंज़िले कैसे हैं उनके रास्ते,
कैसे हैं हम सब के यह सफ़र ज़िंदगी के,
ऊपर वाले ने बनाया है हर किसी को इस जहां में,
सबको बढ़ते जाना है सबका रास्ता अंजाना है,
पड़ाव अलग होंगे आख़िरी मंज़िल तो एक है,
कोई जल्दी से पहुँचेगा तो कोई बस देर से,
कोई हंसते हुए पहुँचेगा तो कोई शायद रोते हुए,
बनाया है हम सबको उपरवाले ने एक इंसान।

9. कौन हैं हम

कौन हैं हम क्या है हमारा अस्तित्व?
किस बात की है अब हमें यहाँ तलाश!
क्या है पता हमारा कौन सी है राह हमारी!
किस राह पर बढ़ रहे हैं यह कदम!
कहाँ पर मिलेगा अब राहत का दम,
कौन सी मंज़िल रही है अब पुकार,
यह ज़िंदगी जब तक है तब तक इंतज़ार।

10. प्रकृति की छवि

प्रकृति की इस सुंदर सी छवि ने,
यूँही मेरे मन को लुभा है दिया,
धरती ने आग़ोश फैलाकर अब,
मेरा हर ग़म यूँही है भुला दिया,
बारिश की इन कोमल सी फुहारों ने,
इस दिल को है अब छू लिया,
इस सुहावने से प्यारे से मौसम ने,
ज़िंदगी को बस मन मस्त बना दिया।

11. मेरा चेहरा

आईने में एक चेहरा दिखा मुझे,
कुछ उजला सा कुछ धुंधला सा,
कुछ सीधा सा कुछ टेढ़ा मेढ़ा सा,
कुछ चमकता सा कुछ बुझा सा,
कुछ मुस्कराता सा कुछ उदास सा,
चौंक उठे हम जब किसी ने मुझसे,
आकर कहा धीरे से बस पीछे से,
अरे ऐसे क्या देख रहे हो तुम इसको,
पहचाना नहीं यही तो है चेहरा तेरा।

12. ज़िंदगी और दुआ

ख़ुद को जलाकर भी दूसरे को रोशनी यूँ दिखला,
ख़ुद को यूँही बस मिटा कि दूसरे की ज़िंदगी बना,
ख़ुद को सिखा सके तो बस यही नसीहत सिखा,
अपने लिए ही नहीं बस दूसरे के लिए भी करे दुआ,
हमेशा से बड़े कहते रहते हैं कि इस ज़िंदगी को,
बना सके तो इस क़दर बना कि ख़ुद से भी,
और ख़ुदा से भी हमेशा सको तुम आँखें मिला।

13. ज़िंदगी भँवर नहीं

ज़िंदगी उलझा हुआ भँवर नहीं है,
यह तो है बस सरल और सहज,
हमेशा से ही दिशावान है यह,
मँझधार नहीं है किनारा है इसका,
बेसहारा नहीं है ज़िंदगी कभी भी,
हरदम उपरवाले का सहारा इसको,
अर्थहीन नहीं है ज़िंदगी कभी भी,
हमेशा ही हैं अनन्य अर्थ इसके,
निराशा नहीं है यह कभी भी,
सदा से ही है आशावान यह,
कभी भी बेमानी नहीं है यह,
हमेशा से ही है ईमान इसका।

14. यह ज़िंदगी

यह ज़िंदगी है कोई बोझ नहीं जो सोच लिया कि ढोना है,
ज़िंदगानी है यह अफ़सोस नहीं कि आँसू ढल्काकर रोना है,
समझना ही नहीं है अब सिर्फ़ समझाना भी है ज़रूरी,
इस ज़माने में आये हैं तो कुछ करके दिखाना है अब,
आगे सिर्फ़ बढ़ना ही नहीं है, आगे भी बढ़ाना है,
जाने से पहले इस ज़हान से अब कुछ तो कर गुज़र जाना है।

15. वक़्त से

वक़्त आने पर तो बस सब काम हो ही जाते हैं,
और बेवक़्त तो परिंदा भी कभी नहीं भटकता है,
यह वक़्त ही हँसाता है, तो वक़्त ही बस रुलाता है,
यह वक़्त ही याद दिलाता, तो वक़्त ही भुलाता है,
वक़्त ही उठाता है, वक़्त ही है जो गिराता है,
यह वक़्त ही बनाता है, वक़्त ही तो मिटाता है,
इस दुनिया में जो भी है, बस वक़्त का तक़ाज़ा है,
हरेक इंसान का वक़्त से, जन्म-जन्म का नाता है।

16. संभलकर चल

संभलकर चल तू मुसाफ़िर नहीं तो बस गिर पड़ेगा,
पर गिरकर उठ गया तो नयी ज़िंदगी से मिलेगा,
अगर नहीं संभला तो नहीं उठ पाएगा फिर,
गिर कर भी संभलने की ख्वाहिश ज़रूर उठाएगी,
अगर नहीं संभलना चाहा तो फिर नहीं उठ पाएगा,
नहीं संभला तो ना रास्ता मिलेगा ना साथ मिलेगा,
ना मंज़िल दिखेगी और ना ही पता मिलेगा कोई,
ना ही सवेरा दिखेगा ना कोई उम्मीद ही दिखेगी,
अब जो कदम उठाना तो संभलकर ही उठाना,
जो भी हो कभी संभलने की ख्वाहिश ना भुलाना।

17. यूहीं हम बस अब चलते ही जाते हैं

दिल में दर्द को उठाकर के रखा है,
तूफ़ान को सीने में छुपाकर रखा है,
आँखों में है छुपी हुई बस कहानी,
होंठों में है ज़िल्द सब ज़िंदगी ज़ुबानीं,
बोझिल सी हुई पलकें बस अब उठाये,
ज़िंदगी को कश्ती पर है डाले हुए,
दरिया में है हिचकोले खाते हुए,
यूहीं बस अब हम चलते ही जाते हैं।

18. मेरी ज़िंदगी का क़िस्सा

ना यह ग़ज़ल है ना ही है यह नज़्म,
ना ही है यह लिखी कोई शेरों शायरीं,
हक़ीक़त है जो वह बस बयान की है,
हर एक लफ़्ज़ जो दिखायी पड़ता है,
यह बस मेरी ज़िंदगी का एक हिस्सा है,
इस सफ़े पर जो कुछ भी बस लिखा है,
वह बस मेरी ज़िंदगी का क़िस्सा है।

19. ज़रा सी ज़मीन

मेरे कदम आगे यूँही बढ़ रहे थे,
शायद किसी की आवाज़ सुन रहे थे,
बढ़ते-बढ़ते आगे यूँही से अचानक बस,
पहुँच गये थे वह तो बस वीराने में,
देखा तो पाया ख़ुद को क़ब्रिस्तान में,
अचानक ही एक कंकाल पड़ा दिखा,
ज़मीन पर पड़े पड़े ही वह मुस्कराया,
धीरे से बोला वह भई इतना भी नहीं जाना,
अपने आप को ही नहीं है तुमने पहचाना,
यह सुनकर मैं थोड़ी सी सहमकर चौंकी,
चेहरे पर बस पसीने की बूँदे चमकी,
वह फिर बोला अरे इतनी सी बात भी तुमको,
क्या समझ में है नहीं अब तक आयी,
कि तुम्हारी तो मज़ार के लिए भी यहाँ पर,
ज़रा सी भी कोई जगह नहीं है भई।

20. ग़म का प्याला

पिया है इतना जो मैंने ग़म से भरा हुआ यह प्याला,
जिसका मद ना उतार सकेगी कोई मदिरा या मधुशाला,
जो मस्ती ग़म पीने में है वह मस्ती तो नहीं कुछ भी पीने में,
चाहे वह क्यों ना कोई भी साक़ी ही देती मद मदिरा का भरा प्याला,
सुध को खो देता है वह जो पीता है मदिरा का प्याला,
ख़ुद को खो देता है वह जो पीता है ग़म का भरा हुआ प्याला,
बस सिर्फ़ यही फ़रक है पीने में मदिरा का और ग़म का प्याला।

21. कारवाँ निकल गया

मेरी आँखें खुली ही नहीं थी कि कारवाँ निकल गया,
मैं उठकर देख भी ना सकी कि मेरा जनाज़ा निकल गया,
ऐसी भी क्या ज़ल्दी थी कि बिना बताये ही आख़िरी वक़्त चला गया,
बताता तो एक बार ही सही तो हम भी जश्न मना लेते,
अपने जनाज़े को लेकर जाने वालों के कंधों को जान लेते,
पता तो चलता कि कितने अपने शामिल हैं इसमें,
या फिर कितने अनजाने शामिल हुए हैं इसमें,
जीते जी तो नहीं हम कभी भी जान पाये ज़रा सा भी,
जनाज़े के वक़्त तो ज़रा जान पाते कौन अपना था कौन नहीं,
बस सिर्फ़ इतनी सी ही एक ख़्वाइश थी कि काश हम जान पाते।

22. ज़िंदगी का मतलब

ज़िंदगी का अगरचे मतलब जो समझती,
तो वक़्त को ना यूँही बर्बाद करती,
अपना घर कभी भी ना उजाड़ती,
दूसरे घरों को भी मैं आबाद करती,
शमाएँ बुझने ना देती मैं यूँही कभी भी,
अपनी इस एक लौ से कई चिराग़ रोशन करती,
कितने ही वीरान घरों को आबाद करती,
क़ब्रिस्तान नहीं बहुत सारे मकान बनाती,
शमशान नहीं गुलिस्ताँ को बनाती।

23. ख़ुद को ले जान पहले

ज़माने को देखो ज़रा यह हम नहीं कहते,
पहले अब ख़ुद को ही देख लें इतना ही बहुत है,
दूसरों के लिए क्या कहना चाहिये अब,
जो अब ख़ुद का ही ख़ुद से है यह फ़ासला,
ख़ुद को ही वक़्त नहीं मिला ख़ुद को जानने का,
अब यह किसी से क्या मिलना होगा कभी,
जब आज तक यह ख़ुद कभी ख़ुद से मिल नहीं पाया।

24. कलम ने बयान करदी ज़िंदगी

कलम ने बयान करदी है वह कहानी,
जिसे ना कभी कह सकती थी यूँही मैं ज़ुबानीं,
ज़िंदगी का मतलब क्या है नहीं पता है,
पर जो भी है महसूस ख़ूबसूरत होता है,
लंबी लंबी राहें तो हैं यहाँ पर,
उनपर चलने का अपना ही अलग सा मज़ा है,
ज़िंदगी के हर सफ़े का अलग ही अन्दाज़ है,
हर सफ़ा पलटता है तो नया राज़ खुलता है,
हक़ीक़त में ज़िंदगी इतनी खूबसूरत है,
कि उसके हर अन्दाज़ को बयान करने का,
अपनी कलम से नापने का कुछ अलग ही मज़ा है।

25. सत्यपथ अनुगामी

हम हों बस सत्यपथ अनुगामी,
इतनी सी कृपा करो हे अंतर्यामी,
सत्य की करें नित्य आराधना,
बस ऐसी ही हो अपनी साधना,
नहीं करे कोई भी अभिमान,
बस सब करें सत्य का सम्मान,
इतनी सी तो है अपनी धारणा,
भूलें नहीं है हम सत्य अवधारणा,
अब जो भी कहें हम कहानी,
हो बस वह सिर्फ़ सत्य की बानी।

26. वह देख रहा है

सब लोग यह जानते हैं कि वह देख रहा है,
हमेशा से सदियों से वह देख रहा है,
अपनी ही बनायी हुई इन कठपुतलियों को,
जिनमें उसने बरसों पहले कभी जान फूंकी थी,
तरह-तरह के अलग अलग रंग भरे थे उसने,
अलग-अलग कहानियों के तमाशे देखने को,
तब से अब तक बनाता है कठपुतलियों को,
तमाशे देखने को हर एक रोज़ नये तरह के,
अपनी बनायी हुई इस नाटक मंडली को,
जिनके बस रोने गाने हँसने खिलखिलाने से,
उसे हर तरह के अपने ही द्वारा रचित तमाशे,
रोज़ अलग अलग अन्दाज़ में देखने को मिलते हैं,
अब क्या कहें उससे वह बस देख रहा है,
अब वह सुनेगा कभी तो सही पर बस अभी,
वह देख रहा है हरदम ही तो वह देख रहा है।

27. रंग मंच

अपने द्वारा रचित इस रंग मंच को,
इस रंग मंच के सभी पात्रों को वह,
जो कि स्वयं उसकी रचित कृतियाँ हैं,
उसके स्वयं से रचित विभिन्न प्रकार के खेल,
जिनको वह रोज़ ही तो सबको खिलाता है,
अलग-अलग तरीक़े से वह हँसाता है,
अलग-अलग तरीक़े से वह रुलाता है,
कभी तो वह नये पात्रों को लाता है,
तो कभी पुराने कुछ पात्रों को वह हटाता है,
तो कभी कभी वह नये और पुराने सबको,
मिला जुला हुआ खेल यूँही खिलाता है,
और मज़ेदार बात तो बस यह है कि,
हमेशा से वह मूक दर्शक बनकर,
बाक़ी दर्शकों के साथ पंक्ति में बैठ जाता है,
ना ही किसी को वह कुछ सुनाता है,
ना ही किसी की वह कुछ सुनता है।

28. अश्रु जल का भावना से नाता

इस चमकती हुई सी झील में,
रस रूपी अताह जल भरा हुआ है,
जो कि भावना के इस सागर में,
सदा तैरता हिचकोले खाता रहता है,
तो कभी भाव्य आधिक्य में यूँही,
वह छलक-छलक सा जाता है,
या कभी वह भाव्य शून्यता में,
एकदम ही सूख सा जाता है वह,
ख़ुशियों की अभिव्यक्तियों में वह,
सरल तरल सा बन जाता है कभी,
तो दुख दर्द के भाव में लिप्त हो कभी,
वह फिर खारा जल बन जाता है,
तो अभिलाषा से जो हमेशा ही,
जो देदीप्यमान होकर चमकता है,
या निराशा के अंधकार से जो बस,
सूखकर शून्य में वह खो जाता है,
इस अदभुत से अश्रु जल का बस,
भावना से उत्कर्ष सा नाता है।

29. वह विराट विरासत

वह विराट विरासत अनन्य अपार असीमित अपरंपार,
उसका वह अनन्य विस्तृत अनंत वृहद् क्षेत्र,
जो की असीमित है कोई सीमा नहीं है उसकी,
हवा की गति से भी तीव्र है वह तो,
अविरल है गति जिसकी दूर दृष्टि है जिसकी,
जहाँ नहीं पहुँच सकते कोई तीक्ष्ण नेत्र,
इतना सुरक्षित है उसका हर क्षेत्र,
जिसके एक हल्के से इशारे भर से ही बस,
बदल जाता है पूरे विश्व का परिवेश,
जिसकी ज़रा सी गति से बदल जाती,
जीवन की सुनिश्चित सी दिशा भी,
परिवर्तित कर देता है जो क्षण भर में,
संपूर्ण विश्व की पूरी ही कल्पना,
जो नभ से भी है ऊँचा ऊँचाइयों में,
सागर से भी गहरा है गहराइयों में,
जो सुख का ख़ुशी का कारण बनता है,
जो प्रेम दया का है अनन्य स्रोत,
जो है बनाता और है उठाता सबको,
जो है जगाता और है सुलाता सबको,
जो इस विश्व को है चलाता सदा से,
नहीं कर सकता है कोई भी कभी भी,
उसके इस विशाल स्वरूप की कल्पना।

30. मुखौटों का खेल

मुखौटों का खेल देख यह,
हम सब अपने मन को बहलाते,
पर हक़ीक़त यही है हमेशा,
उन मुखौटों में हम सब,
ख़ुद की ही छवि हैं जो पाते,
हम सभी हैं मुखौंटे को ओढ़े,
तरह तरह के मुखौंटे हैं ओढ़,
जिनकी aard में हम सब ही,
अपने आप को छुपाना चाहते,
सच से तो सब ही डरते हैं,
दुख से सब हैं मुख मोड़ते,
हक़ीक़त से हैं सभी भागते,
खुद से हैं तो सभी बचते,
मुखौंटों का खेल सभी खेलते।

31. बंद आँखों की दुनिया

आँखों को मूँद कर जो हम सो जाते हैं,
बस अब तो हम यूँही कहीं खो जाते हैं,
एकदम एक नयी सी दुनियाँ में अब तो,
जो इन आँखों को खोलकर के देखने पर,
दिखती है अलग बस अब बिलकुल अलग,
खुली आँखों की दुनिया से एकदम अलग,
जहाँ ना स्वार्थ कोई बस सिर्फ़ परमार्थ है,
जहां अर्थ से बहुत ज्यादा बड़ा पुरुषार्थ है,
जहाँ दुख नहीं कभी बस सिर्फ़ सुख है,
जहां ऊँच नीच जैसा कोई लफ़्ज़ नहीं है,
अचानक ही आँख खुल जाती जब हमारी,
चौंकते है फिर बस उठकर देखते हैं,
ख़ुद को इस खुली आँखों वाली दुनिया में देख,
बस फिर वही बंद आँखों वाली दुनिया पर,
हम तो बस यूँही सोचते ही रह जाते हैं।

32. कुछ पंक्तियाँ ज़िंदगी पर

सोचा था फ़ासले पूरे हो चुके हैं अब तो,
पर पाया कि यह तो अभी बस शुरुआत ही है,
लगा था कि पहुँच चुके हैं अब मुक़ाम पर,
पर यह तो पहला पड़ाव ही दिख रहा है,
ज़िंदगी तो पड़ावों का बड़ा सा ख़ज़ाना है,
आख़िरी पड़ाव के लिए अभी तो बहुत दूर जाना है,
सफ़र की बड़ी सारी नज़ाकतें हैं अलग अलग सी,
कभी ख़ुश नसीबी की तो कभी आज़माइशों की,
जो भी हो सबको ही तो आज़माना है हर पल,
हर ज़िंदगी का अपना अलग सा ही अफ़साना है।

33. नन्ही-नन्ही बौरें

आम के इस विशालकाय पेड़ पर,
कितनी सारी नन्ही-नन्ही बौरें लगी हुई हैं,
कितनी सुहावनी मन भावनी लगती हैं यह,
इन्हें कोई भी मत छेड़ो मत तोड़ो,
यदि यह गिर जायेंगी गिरकर मिट जायेंगी,
इन्हें खिलने दो पूर्ण विकसित होने दो,
अपना छोटा सा जीवन जी लेने दो,
इन्हें मुस्कुराने दो बहारों को लाने दो,
अगर अब भी नहीं करोगे विचार,
तो फिर करना होगा युग का इंतज़ार।

34. दुनिया के मेले में अकेला

दुनिया के मेले में अकेले चलेगा,
अकेला आया है अकेला ही मरेगा,
ना साथ लाया ना साथ लेकर जायेगा,
कर्मों का फल भी अकेले ही मिलेगा,
दुख में चलेगा या सुख में चलेगा,
जहाँ भी चलेगा अकेले ही चलेगा,
जब भी चलेगा अकेले ही चलेगा,
कुछ दूर चलेगा अगर साथ कोई,
अंत तक तो कभी भी ना कोई चलेगा,
आख़िर में तो बस अकेले ही चलेगा।

35. शून्य

शून्य नहीं है यह शक्ति पुंज है,
समस्त आधारों का यह आधार,
अनंत है अनश्वर है यह,
सभी शक्तियों का अमर स्त्रोत,
आकार यही है निराकार यही है,
पावन पवित्र ओंमकार यही है,
जीव जीवन का कर्णधार,
लक्ष्य यही है अभेद्य यह,
हर चरम बिंदु का अंतिम द्वार।

36. जागृति फैलायें

अब समय आ गया है उठ जायें,
जागृत हो जागृति फैलाये,
आधार बने विस्तार करें,
नयी स्फूर्ति का संचार करें,
अचेतन से चेतन हो जायें
आशावान हो आशा दिखायें,
साहस से साहस दिखलायें।

37. कल्पना

हमने जो की थी कल्पना,
पूर्ण हो गई है वह सुंदर रचना,
सोचा जो भव्य सा आकार था,
बन गई वह सौम्य सी संरचना,
स्वप्न में जो रचित आधार था,
बन गई वह स्वच्छ सी अभिकल्पना,
पूर्ण सफल प्रगट हो ही गई वह,
ब्रह्मांड से वह भव्य परिकल्पना।

38. दिल है कोई शीशा नहीं

दिल ही तो है कोई शीशा नहीं,
जिसके सामने की वस्तु के हटते ही,
सामने का प्रतिबिंब भी बदल जाता है,
दिल के सामने जो भी आता है,
वह तस्वीर बन कर छप जाता है,
दिल पर पड़ा ज़रा सा अक्स भी,
पानी से नहीं खून से हटाया जाता,
यह दिल तो वह मासूम है,
जो बस फूलों की तलाश में,
कांटो से हमेशा चोट खाता है,
वह पत्थर की मार से तो नहीं टूटता,
पर ज़रा से सदमें से चूर चूर हो जाता है।

39. दिल की सड़क

दिल की इस मासूम सी सड़क पर,
एक बार निशान जो पड़ जाते हैं,
तो फिर कभी भी मिटते ही नहीं,
रेतीली जगहों की तरह नहीं हैं यह,
बस पक्के निशान बना जाते हैं,
यह निशान तो कभी हटते ही नहीं,
अपनी पक्की छाप छोड़ते जाते हैं,
जीवन को एक नयी राह बता जाते हैं।

40. दृश्य

देखें हैं जो दृश्य अब तक,
वह सब तो बयान से परे हैं,
सहें हैं जो ये दर्द अब तक,
वह तो दर्दे जहां से अलग हैं,
सुने हैं जो यह शब्द अब तक,
वह सब तो हर ज़ुबान से फ़रक है,
काटे हैं जो लम्हे अब तक,
वह हर इम्तिहान से परे हैं,
पायी है जो यह ज़िंदगी अब,
वह तो हर इंसान से अलग है।

41. कौन रहा पुकार

दूर से कौन रहा है पुकार,
आँखों से अपनी रहा निहार,
अश्रु जल की दे रहा फुहार,
मेरा पंथ है जो रहा सँवार,
देखा जब यह नेत्र उठाकर,
पाया है मैंने वही आकार,
जिसे था यह जन्म देने का,
और मृत्यु देने का अधिकार।

42. कब मिलेगी रिहाई

कब मिलेगी रिहाई हमको,
इस ज़ंजीर में ज़कड़ी ज़िंदगी से,
इन तमाम सारी उत्कंठाओं से,
इन घुटन से भरी हुई साँसों से,
इस बोझिल् से वातावरण से,
दर्द से भरी इन आवाज़ों से,
कब खुले में हम विचरण करेंगे,
कब मिल पाएगा हमको अमन,
आज़ाद पंछी की तरह जी सकेंगे।

43. जब लिखने बैठे

जब लिखने बैठे तो लेखनी नहीं उठती,
जब सोचने बैठे तो गति ही नहीं मिलती,
भाव भंगिम हैं स्थिति है बहुत विचित्र,
नहीं आज हैं हम अपने से भी परिचित,
कौन सी दिशा है कहाँ है इसका छोर,
कौन सा स्थान है यह पथ है किस ओर,
कहाँ से शुरू है यह, कहाँ है इसका अन्त,
कैसा यह जीवन विचारों में क्यूँ है परतंत्र।

44. क़िस्सा बयान करना

क़िस्सा बयान करना तो यूँ आसान है,
जज़्बातों को छिपाना मुश्किल काम है,
अश्क़ों को बहाना तो कोई ख़ास नहीं,
ग़म का घूँट पी जाना तो बड़ी बात है,
हालात को जतलाना तो यूँ ठीक है,
उसे शायरी में छुपाना कोई आसान नहीं,
आशियार यूँ तो लिखना एक बात है,
जज़्बा फ़क़त ज़माने को सुनाना आंसा नहीं।

45. अशोक का पेड़

जब कभी हम यहाँ पर आये थे,
तब अशोक का पौधा लाया गया था,
उसी दिन उसको भी लगाया गया था,
जब हमारे बड़ों ने यहाँ घर बसाया था,
बड़ा हो गया वह भी रोज़ देखते देखते,
तमाम उतार चढ़ाव देख देखकर भी,
वह गंभीर है शांत हो बस खड़ा है,
देखी हैं उसने अनेकों अनेकों बहारें,
हमेशा से आने वाले पतझड़ के मौसम,
और पड़ती हुई भीनी भीनी फुहारें,
देखी है उसने इस घर की कहानी,
सुख दुख से भरी हरेक ज़िंदगानी,
वह पूरी ही तरह से वाक़िफ़ है,
यहाँ आने जाने वाले हर शख़्स से,
उसने सब मौन रहकर हर पल देखा है,
हाँ यहीं खड़ा है एकदम स्थिर अडिग,
वही सदृढ़ अशोक का पेड़ है यह,
जिसको कभी इस जगह आने पर,
घर के एक प्रतीक के स्वरूप में,
इस घर के मालिक ने अपने हाँथों से,
बड़े प्रेम से छोटे से पौधे को लगाया था,
अब बड़ा हो चला है समय को बता रहा।

आभार

हर किसी के जीवन में हरेक लम्हें में कुछ ना कुछ विचार अपना घर बनाते हैं। ऐसे ही कुछ बहुमूल्य क्षणों की भावनाओं को शब्दों में जोड़कर, उन्हें कविताओं के रूप में सजाकर, अपने इस सफ़र को प्रस्तुत करने का प्रयास किया है।

विश्वास है आप सबको मेरी यह विभिन्न भावनाओं से भरी हुई रचनायें पसंद आयेंगी, जो जाने अनजाने आपके भी कुछ लम्हों को छू जायेंगी। कविताओं की पहली पुस्तिका "मेरे साथ कविताओं का सफ़र" भाग-१' और अब इस पुस्तिका "कविताओं का सफर' भाग -२" में प्रस्तुत कुछ रचनाओं के ज़रिये आप तक जीवन की कुछ भावनाओं को पहुँचाने का प्रयास किया है। आगे भी अपनी अन्य रचनाओं के ज़रिये से आपके विचारों पर दस्तक देने का प्रयत्न रहेगा।

प्रूफ़ रीडिंग : रंजन अग्रवाल
कवर डिज़ाइन : वरुनी रस्तोगी
कवर पिक्चर : राजू रस्तोगी

www.ingramcontent.com/pod-product-compliance
Lightning Source LLC
LaVergne TN
LVHW041638070526
838199LV00052B/3427
* 9 7 9 8 8 8 9 8 6 7 9 7 5 *